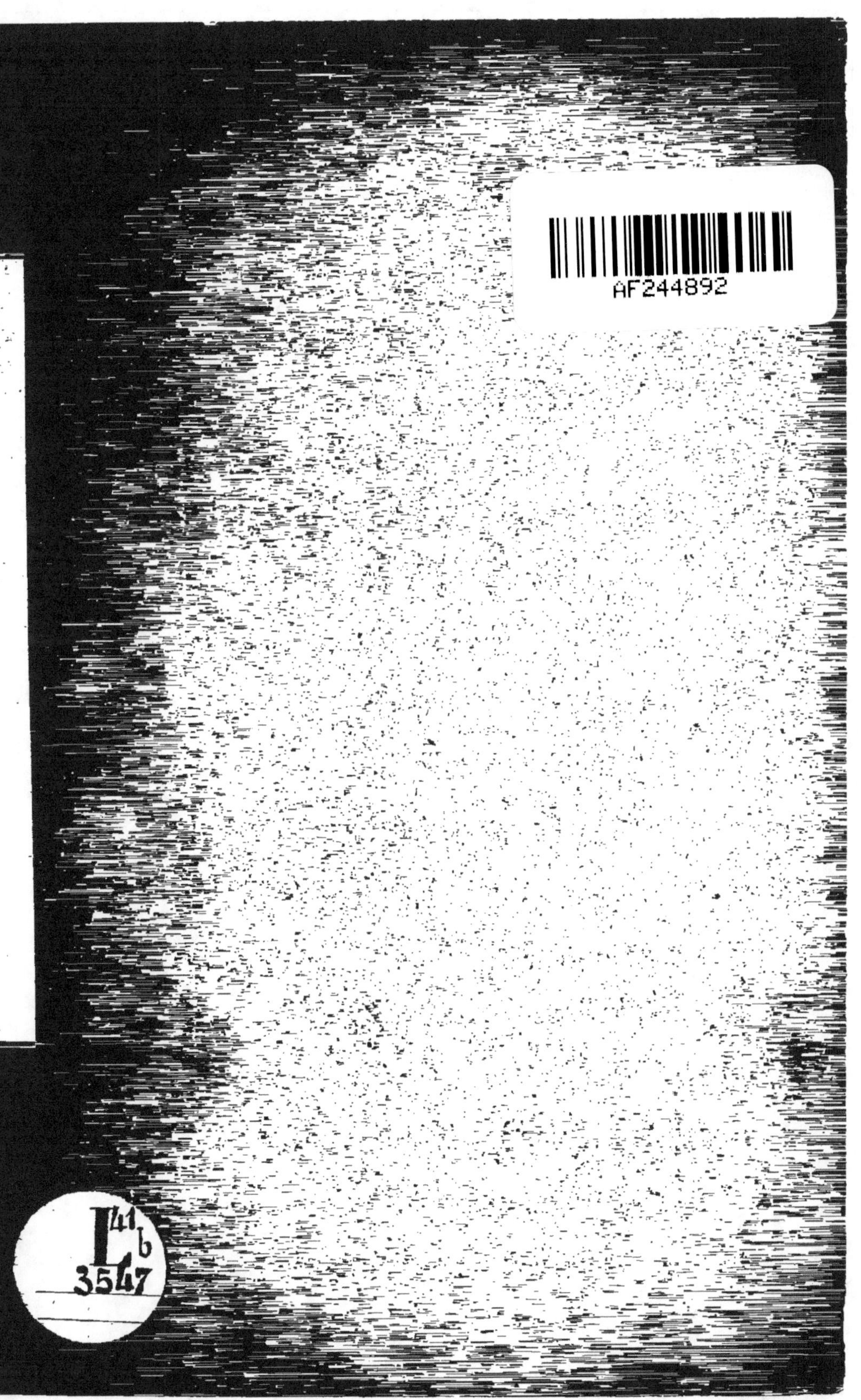

MOYENS

D'EMPÊCHER LES TRAHISONS

DES GÉNÉRAUX EN CHEF,

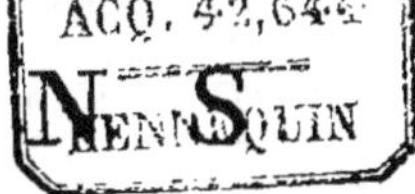

Nos ennemis, de connoître nos évolutions militaires, et qui que ce soit, d'apporter du retard dans le mouvement des Armées :

Présentés à la Convention nationale les 21 brumaire et 9 frimaire, l'an deuxième :

PAR D. A. J. BERCKEM.

OBSERVATIONS PRÉLIMINAIRES.

RÉPRÉSENTANS DU PEUPLE,

Tous les patriotes desirent une paix solide, durable et glorieuse ; on ne peut l'obtenir telle, qu'en anéantissant le fol espoir de tous les ennemis de notre république.

Trois moyens se présentent naturellement pour parvenir à ces fins :

Le premier consiste à empêcher un général en chef de pouvoir trahir.

Le second, à empêcher nos ennemis d'avoir

A

aucune connoissance de nos évolutions militaires.

Le troisième, à rétablir, d'après la constitution et les droits de l'homme, l'assurance du service dans tous les grades supérieurs. Ces militaires là serviront d'exemple à leurs freres les volontaires, qui aspirent trop après la paix, pour ne pas avoir la discipline de la philosophie et du patriotisme, discipline observée par tous les vrais sans-culottes de l'armée.

Si nous avons pu jusqu'à présent, Représentans du Peuple, nous soutenir malgré les trahisons de nos généraux en chef, si nous avons pu même avoir quelques victoires, que n'avons-nous point à espérer, lorsqu'ils ne pourront plus trahir?

Si nous avons pu combattre aussi souvent un ennemi instruit de nos marches, de nos contre-marches, et sachant toujours d'avance nos évolutions militaires, que ne devra pas faire un général d'armée qui aura des certitudes que cet ennemi ne connoîtra pas ses projets, et ignorera le mouvement de nos troupes?

Si nous avons pu remporter des victoires malgré les méfiances réciproques et le mauvais exemple d'une partie des *épauletiers* de l'armée, qui gagnent, à la prolongation de la guerre, la continuation de leur rang et de leur traitement, que ne fera-t-on pas avec le rétablissement général de la confiance et de l'exactitude des chefs ? Que ne pourra pas exécuter un général, lorsqu'il comptera sur l'activité de ceux qui doivent faire mouvoir les troupes ?

Voilà cependant, Représentans du Peuple, où conduisent, le plus directement possible, les trois moyens ci-dessus, qui se trouvent développés dans un projet de décret que je proposerai.

La fuite de Lafayette, de Dumouriez et d'autres traîtres, le peu de fermeté de Custine au moment de sa mort, sont les preuves que l'expérience apporte à l'appui de mon premier moyen, qui roule sur cette simple proposition : *sans nuire à ses opérations, empêcher un général en chef de déserter, est l'empêcher de trahir ;* car sans l'espoir de la fuite, au pis aller, ni Lafayette, ni Dumouriez, ni Custine, etc., n'auroient tenté de s'exposer à monter sur l'échafaud.

Par-toute la ligne des limites fixées par les généraux locaux, placer de nombreux corps-de-garde, etc. etc., pour arrêter tous ceux qui vont à l'extrême frontière, ou qui en

reviennent, enfin qui sont au-delà des sus-
dites limites, et faire beaucoup de patrouilles
à cet effet, est, sans contredit, couper toutes
communications avec l'ennemi ; joindre à
cela que le général en chef a seul connoissance de son plan, qu'il ne communique à
personne, quoiqu'il expose quelquefois dans
des conseils de guerre des propositions sup-
posées, pour s'éclairer et tirer parti de ce
qu'il trouve convenable, est, à mon avis,
empêcher, à coup sûr, nos ennemis de connoître nos évolutions militaires. Voilà ce qui
fait la base du second moyen.

Un général d'armée doit vaincre néces-
sairement, si on n'apporte aucune entrave à
ses opérations : ce n'est que par l'empêchement des retards dans les évolutions, qu'il
peut se flatter de ne pas compromettre les
grands intérêts qui lui sont confiés ; car il a
en tout tems la facilité de faire faire à une
certaine masse d'hommes une route forcée
de douze à quinze lieues en un jour, sans
pour cela fatiguer ses braves frères d'armes.
Les bases fondamentales de ce troisième et
dernier moyen seront donc la responsabilité
individuelle de tout chargé de commandement, tel que soit son grade, officier ou
général.

Que reste-t-il à faire, Représentans du Peuple, lorsque, par un décret, on a établi ces trois moyens ? Il ne reste plus qu'à avoir pour général en chef dans chaque armée un homme qui ait un caractère ferme, un génie vaste, des connoissances de l'histoire et des mathématiques, de la prudence, une grande présence d'esprit, un jugement profond, beaucoup de discrétion, un patriotisme à toute épreuve, et point d'attachement à la vie, qu'il ne doit cependant exposer que rarement dans les combats ; et, pour l'encouragement de ses camarades, ainsi que pour observer par lui-même, il faut qu'il soit juste, qu'il ait un grand pouvoir, qu'il exige que chacun soit à son poste.

Il doit avoir assez de talens pour laisser ignorer aux autres généraux, ses plans généraux, en tout tems, et pendant le moment même de leur exécution ; il se contentera de leur ordonner de se porter à telle ou telle hauteur ; d'y faire tel mouvement ; de conserver leur position dans telle circonstance ; de replier, s'ils éprouvent, ou la partie de division la plus proche d'eux, tel désavantage ; d'avancer en cas de tel avantage ; il leur indiquera de qui ils seront appuyés à leur droite et à leur gauche, la conduite qu'ils tiendront en cas qu'ils reçoivent des généraux les plus à portée d'eux tel ou tel avis. Le général d'armée exigera qu'un chargé de commandement lui fasse part de toutes les observations essentielles, ainsi qu'à ceux qui lui seront indiqués pour appuyer sa droite et sa gauche ; il exigera qu'une lettre qu'on ne devra ouvrir qu'à telle heure ou qu'à telle position, soit intacte tout le tems qu'elle doit l'être ; il exigera encore que l'armée tous les matins et les soirs soit prête à partir , quoiqu'elle ne doive peut-être pas faire de mouvement ; enfin un général , qui recevra à six heures même l'ordre portant de partir à six heures et quart , devra être en roûte avec toute l'armée , avec les caissons , canons , chariots , avec tout enfin avant six heures seize minutes. Il faut qu'il y ait à chaque division d'armée tout ce qui est nécessaire pour aller dans tous les chemins possibles.

Nous devons par conséquent avoir pour généraux d'armée les plus spirituels, les plus ingénieux, les plus rusés, les plus profonds, les plus républicains des hommes que l'on puisse trouver ; pour généraux de brigade, pour chef de brigade, de bataillon, etc. etc. , pour exécuter enfin les mouvemens militaires ordonnés, il nous faut les meilleurs tacticiens possibles. Pour administrateurs militaires, on doit choisir ceux qui en sont les plus dignes, et qui ont le plus fait pour la révolution, sans cela avec de mauvais commissaires des guerres, d'infidèles préposés aux différents approvisionnements, tout est entravé dans le service.

Enfin, comme mon pays est plus particulièrement le théâtre de la guerre que tout autre, et que chacun peut parler du sien avec quelques connoissances, je m'attache à l'armée du nord, et ce que je vais avancer pour cette armée là vous procure par comparaison ce qu'on doit attendre de toutes les autres : je dis, et je soutiens affirmativement, que le général en chef de l'armée du nord peut et doit s'établir avant deux mois solidement dans la Belgique, si on le veut, si toute fois les satellites des despotes ne sont pas plus nombreux qu'on le dit, s'il sçait se faire obéir et du général et du soldat, et s'il a tant soit peut de génie, ce qui ne lui manque pas, ainsi que le patriotisme, à ce qu'on dit. Car si nous laissions l'ennemi se fortifier chez nous l'hiver et dans nos places fortes, si nous le laissions libre de recevoir de la mer, dont il est maître, tous les secours qu'on peut lui donner, nous aurions la ampagne prochaine beaucoup plus de mal de le chasser, et nous perdrions plus de monde : ce qui seroit contre le premier art de la guerre, qui est d'éviter la perte des hommes (1).

PROJET DE DÉCRET.

ARTICLE PREMIER.

Le général en chef ne pourra aller nulle part, sans être accompagné au moins de deux surveillans, renouvellés chaque mois, et de huit ordonnances, qui ne recevront des ordres que de ces deux surveillans, pris dans les sociétés populaires.

I I.

Le général en chef communiquera aux représentans du peuple, à leur première requisition, toutes les lettres qu'il recevra, ainsi que les reçus explicatifs des ordres qu'il aura donnés ; ils auront même le droit de décacheter les lettres qui lui seront adressées. A chaque armée, il y aura quatre surveillans qui n'auront connoissance d'avance d'une évolution

---

(1) Avec de l'ordre dans le service militaire, nous sommes assurés que, ni la guerre, ni les tentatives de nos ennemis, fussent-ils plus nombreux, ne peuvent nous faire croire qu'il sera porté atteinte à notre plus grand desir : *la liberté.*

militaire, que quand le général en chef voudra la leur commnniquer ; ils connoîtront cependant les sommations faites à l'ennemi, avant leur envoi ; le général d'armée devra leur remettre cachetée la marche des armées, et indiquer le jour et l'heure où ils pourront ouvrir la lettre, ce qui ne pourra excéder le nombre de trois jonrs. Ces lettres seront numérotées, et avec des liens et des marques indicatives ; le général aura le droit jusqu'à l'heure fixée, de se les faire représenter intactes ; les surveillans à cet effet donneront des reçus explicatifs ; et, comme il ne faut jamais permettre que le général en chef puisse prétexter que la marche des troupes a été annoncée d'avance aux ennemis, si la lettre n'est point intacte jusqu'à l'heure dite, il y aura peine de mort contre l'infractaire qui sera à cet effet traduit au tribunal révolutionnaire.

I I I.

Le général en chef, ne pourra, sous peine de mort, parler à aucun trompette ennemi ou déserteur, ni les entendre, sans la présence de deux surveillans au moins.

I V.

Lorsque le général en chef ira visiter les avant-postes, son pouvoir sera momentanément suspendu. Il mettra pied à terre, cinquante pas avant d'y arriver ; son cheval sera à ses côtés, pour revenir de suite en cas d'événement. Les surveillans, au moins au nombre de deux, et les huit ordonnances, qui l'accompagneront, qui seront renouvellés tous les jours par la voie du sort, répondront sur leur tête de la personne du général en chef, quant à l'empêchement de déserter.

V.

Le général en chef, aux postes avancés, n'ayant pas de pouvoir, ne donnera pas d'ordre, sous peine de mort ; fera les questions qui lui paroîtront convenables, et à son retour, en de-çà les cinquante pas, il donnera alors les ordres qu'il jugera.

V I.

Dans une affaire, les deux surveillans et les huit ordonnances répondront toujours qu'ils l'empêcheront de déserter, et ne pourront, sous peine de mort, se dispenser de l'accompagner par-tout. Hors le cas indispensable, le général en chef ne devra pas s'exposer.

V I I.

Le général en chef doit prouver ses bonnes intentions et ses talens, par le calcul et les combinaisons des principales opérations de son plan général, envoyé cacheté, avant son exécution, à la Convention nationale qui, pour ne pas nuire à son exécution secrette, le fera déposer sous le scellé au comité de salut public, pour n'être examiné que le jour que le général indiquera, ce qui ne pourra excéder en tout tems le terme de deux décades ; il sera seul libre d'en requérir l'ouverture plus vîte. Il pourra aussi apporter à son plan général les changemens avantageux que les circonstances lui commanderont impérieusement, ce dont il donnera avis audit comité, pour être connu après l'indication du tems.

V I I I.

Il y aura tout le long des frontières, des limites fixées par les généraux locaux, lesquelles seront gardées strictement par de nombreux corps-de-garde et des patrouilles. Les limites fixées sont tout-à-fait distinctes des postes avancés, et, quand faire se pourra, seront derrière les armées campées ou cantonnées, etc., etc. Il ne sera plus permis à qui que ce soit de passer les limites indiquées. Les particuliers, demeurant au-delà de ces limites, ne pourront revenir en dedans, ni aller au-delà, s'ils sont en dedans, sans la permission seule du général en chef, visée par au moins deux surveillans, qui s'opposeront à la sortie et à la rentrée de qui que ce soit, dont ils ne seront pas suffisamment appaisés.

I X.

Ceux qui se présenteront pour passer sans

permission , seront arrêtés , tenus en prison ju qu'à la paix , et deux ans en sus , et leur propriété confisquée aux profits de ceux qui auront souffert des ravages de la guerre ; ceux qui se présenteront avec une permission , seront également arrêtés et conduits au quartier général le plus proche , pour y faire certifier leur entrée ou leur sortie , et être inscrits sur les journaux du général qui y commande.

X.

Ceux qui demeurent au-delà des limites , seront libres , avant le jour fixé pour l'exécution de l'article huit, de prendre leur résidence en de-çà , et seront sujets aux précédens articles. Les municipalités , qui se trouvent derrière les armées, seront tenues de les loger ; ceux-là auront indemnité de leur perte , s'ils amènent derrière les armées les subsistances de leur pays ; mais l'indemnité ne sera jamais considérée , qu'en proportion de ce qu'ils feront entrer dans l'intérieur.

X I.

Les généraux, chefs de brigade, de bataillon même , lorsqu'ils auront un commandement particulier , donneront des reçus explicatifs des ordres à eux donnés , qu'ils suivront sous leur responsabilité, le général en chef ne pouvant pas répondre de l'exécution partielle de chaque général et autres.

X I I.

Tout militaire, requis par les représentans du peuple, par les surveillans ou par une commission militaire, pour arrêter celui qu'on lui désignera, qui refusera l'obéissance, sera jugé et puni de mort. Toute arrestation ordonnée par d'autres que ceux ci-dessus désignés, sera par le fait même déclarée arbitraire, si l'arrêté n'est pas livré sur-le-champ aux représentans du peuple, aux surveillans ou à une commission militaire ; et celui qui en fera faire, sans suivre cette marche, général en chef ou tout autre, sera puni de mort.

X I I I.

Dans une affaire, tout officier ou soldat qui s'écartera de son poste au-delà de cent pas, sans permission, s'il n'a reçu aucune blessure, sera réputé fuyard et puni suivant les loix antérieures ; est aussi réputé tel, celui qui sera trouvé, après la retraite, hors du camp ; qui, après qu'on aura battu la générale, l'assemblée, l'appel, ou donné avis de marcher à la muette, ne sera pas à son rang.

X I V.

Lorsqu'on marchera à la muette, la nuit, au soir, ou à la pointe du jour, celui qui parlera de manière à être entendu à dix pas, officier ou soldat, sera traduit à la commision militaire , et puni de dix ans de fer ; celui qui élevera la voix de manière à être entendu de beaucoup plus loin, sera censé avertir l'ennemi de notre marche , déclaré contre-révolutionnaire , et puni de mort.

X V.

Les magasins généraux des armées ne devront jamais être exposés à devenir la proie de l'ennemi , sous la responsabilité des chefs préposés , qui seront également responsables des approvisionnemens généraux et particuliers , et punis de mort , si on manque par leur faute. Les préposés à l'ambulance seront punis de même , si les blessés manquent de secours par leur négligence.

X V I.

Il y aura derrière chaque brigade de l'eau-de-vie dans un ou deux tonneaux , ne tenant pas plus qu'un sixième de pipe ordinaire , pour distribuer sur le champ - de - bataille , avant , pendant ou après une affaire , et être d'un facile transport.

X V I I.

Il y aura à la suite des armées autant de voitures attelées de deux bons chevaux au moins, qu'il y aura de centaine d'hommes, non compris les fourgons , etc. ; tous les matins une demie-heure avant le jour , et le soir une demie-heure avant la nuit, les chevaux seront attelés à chaque voiture, à chaque pièce de canons, caissons, etc., les volontaires le sac tout préparé, et les cavaliers à côté de leurs chevaux scellés et bridés, le tout prêt à partir au premier ordre.

X V I I I.

Les cavaliers, par la suite, auront à leur porte-manteaux des scengles, propres à les porter en bandoulière, en cas de nécessité, et des anneaux au-devant de leurs selles, pour les attacher s'il le falloit.

X I X.

Pour pouvoir aller dans tous les chemins possibles, il y aura à chaque armée mobile, au moins dix voitures chargées de fascines, six de madriers et six de planches nécessaires, douze pontons ou batteaux plats, bien montés et bien préparés, le nombre de pontonniers suffisans, et enfin deux compagnies de cent pionniers chacune, le tout indépendamment des réquisitions que les circonstances nécessiteront. Les communes sur les frontières seront tenues de faire sans retard des magasins de fascines.

X X.

Toutes les communes, en de-dans deux lieues des frontières, on entend par frontières les limites fixées d'après l'article huit , seront tenues de s'assembler en permanence , pour conférer sur la localité du territoire de l'ennemi le plus à portée de leur connoissance , et d'envoyer par exprès le résultat de leur conférence au quartier-général le plus proche et au général en chef. Ce résultat, qui leur parviendra tous les jours , les instruira des chemins , montagnes , ruisseaux , moulins , bois , ravins , écluses , etc. , etc. ; et distance d'une de ces remarques à l'autre.

X X I.

Toute commune qui aura donné les éclaircissemens les plus détaillés et les plus utils , aura bien mérité de la patrie , et pendant deux ans on lui fera remise d'un tiers de ses impositions. Celle au contraire , qui aura donné des renseignemens faux , sera affichée comme suspecte , payera pendant cinq ans triple imposition , qui ne sera supportée que par les plus riches de l'endroit ; les signataires du procès-verbal seront punis de mort ; seront du nombre de la triple imposition les communes qui ne donneront aucun renseignement.

X X I I.

Celui qui, hors les appoints , payera dans le pays ennemi autrement qu'en assignats , sera réputé préférer l'effigie des despotes à l'emblême de la liberté, et puni de mort ; celui qui vendra à d'autres conditions, subira la même peine. On publiera par toutes les rues, qu'on ne peut vendre plus cher qu'avant notre entrée sur les lieux, et qu'on payera en assignats, qu'on confisquera les meubles et la marchandise de celui qui la cachera, et qu'il sera détenu en prison jusqu'à la paix, et deux ans en sus.

X X I I I.

Tous les gardes nationaux, à dix lieues des frontières, sont à la réquisition du général en chef, visée par les représentans du peuple ou les surveillans, et soumis alors au présent décret, qui sera à cet effet envoyé par des courriers extraordinaires aux districts et municipalités des frontières, qui aura force de loi sans autre forme, le bulletin pouvant même suffire à cet effet ; et qui sera publié par toutes les rues par les officiers municipaux, aussitôt qu'ils l'auront reçu. Les gardes nationaux seront soldés du moment qu'ils seront requis.

X X I V.

Le présent décret, imprimé en nombre d'exemplaires suffisans, sera également envoyé de suite par des courriers extraordinaires à toutes les armées, et lu, pendant trois jours consécutifs, à la tête des corps, à l'appel du matin et du soir. Le chef de brigade ou le général de brigade devront assister à ladite lecture, dont procès-verbal sera tenu et envoyé au ministre de la guerre. Les capitaines seront en outre tenus d'en faire par chacun desdits trois jours la lecture à leur compagnie, et d'y ajouter l'explication nécessaire. On la fera aussi aux postes, qui n'auront point été relevés.

X X V *et dernier.*

Tous les commissaires des guerres, chirurgiens, directeurs d'ambulance, infirmiers, gardes - magasins, charetiers, conducteurs, etc., etc., sont sujets au présent décret; et, quant à ce qui n'a pas été prévu, on s'en rapportera aux loix antérieures, annullant dès-à-présent tous les réglemens précédens des généraux en chef, auxquels ont encore quelquefois recours les juges militaires.

Renvoyé au comité de la guerre.

N. B. L'auteur offre de donner à ceux qui viendront le trouver, l'explication de chaque article.

L'auteur engage chaque général en chef de s'assurer de l'étendue des connoissances des généraux qu'il commande, afin de ne hasarder quelques actions de ruses, de finesses, de tactique, etc., qu'à la portée de leur savoir ; car, sans cela, c'est paire ou non, et on ne doit pas jouer au hasard. Le général en chef, à cet effet, fera manœuvrer devant lui les généraux, chefs de brigade, de bataillon même, puisqu'ils sont sur les rangs pour être généraux. Il supposera l'ennemi dans telle position, les chemins à telle distance de son embuscade, etc., notre besoin de nous emparer de telle position, et leur ordonnera de lui détailler comment ils s'y prendront : il observera sur-tout s'ils n'exposent pas trop d'avantage à l'ennemi, et ne négligera rien pour leur instruction et pour la sienne.

Chaque général persuadera bien à nos volontaires, qu'il faut ajuster en tirant ; à nos tirailleurs, qu'ils doivent tirer où ils voyent de la fumée sortir derrière un buisson ou une haye : car il faut tuer pour ne pas être tué ; il ne faut jamais tirer pour ne faire que du bruit, lorsqu'on est en tirailleur.

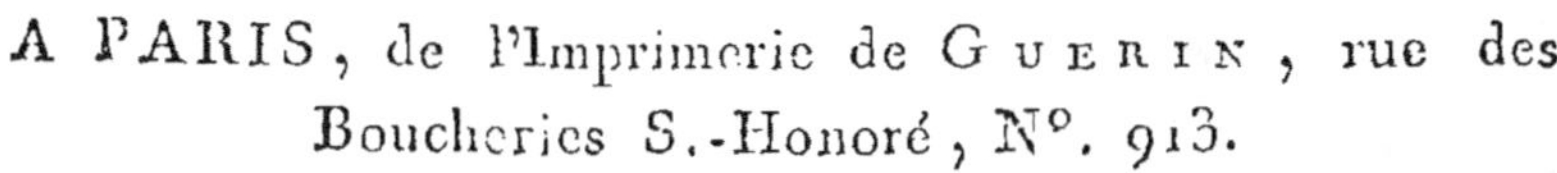